I K 3458 A

NOTICE HISTORIQUE

SUR

LA ROCHE-GUYON

PAR

J. AUGER

VERSAILLES
IMPRIMERIE D'AUGUSTE MONTALANT,
6, Avenue de Sceaux.

1860.

NOTICE HISTORIQUE

SUR

LA ROCHE-GUYON

La Roche-Guyon (1), l'une des plus anciennes baronnies du royaume de France, et qui, durant le XVII.ᵉ siècle fut trois fois érigée en Duché-Pairie, est située sur la rive droite de la Seine, entre Mantes et Vernon, à une demi-lieue environ de la petite rivière d'Epte.

Le bourg ainsi que le château actuel sont adossés à une haute roche que domine la tour de l'ancien Château.

Dès les premiers temps de la Féodalité, la demeure seigneuriale ne devait consister qu'en cette tour, dont on voit aujourd'hui les restes, et qui devait surtout servir tout à la fois de refuge et de rempart contre les attaques réitérées que les Normands et les Anglais dirigeaient continuellement sur Paris.

Il existe dans les archives de Seine-et-Oise, à la date du douze septembre M.D.C.LXXXXI, un acte intitulé aveu et dénombrement du duché de la Roche-Guyon et donnant la désignation suivante :

(1) La Roche-Guyon, bourg autrefois compris dans le Vexin, appartient au département de Seine-et-Oise, et fait partie du canton de Magny. Il comprend 800 habitants.

Le chasteau et lieu seigneurial assis dans le bourg de La Roche Guyon consiste en plusieurs batimens, cours, jardins et logemens fermés de fossés a double pont levis et antècourt, dans l'enceinte duquel Chasteau est une chapelle prise et taillée dans le roc, comme y sont aussi partie des aultres logemens, une terrasse revestue de pierre de taille de quarante pieds de long au bout de la quelle est une longue galerie aussi prise dans le roc de 13 thoises et de plus de long, pavée de carreaux a façon de parquage, la voute et le contour lambricez de menuiserie, un colombier percé et taillé dans le même roc.

Il y a aussi dans le chasteau une tour fort ancienne bastie pour sa deffense, marquée dans les histoires de plus de six a sept cents ans, spécialement dans le règne de Louis le Gros, a la suite de la victoire qu'il remporta près Gisors contre les Anglais, l'entrée de la quelle tour est percée dans la carrière, sa longueur et sa hauteur estant de six vingt marches de degrés......

Si les fossés et les ponts levis ont disparu, la vieille tour existe encore avec sa double enceinte de murailles, ainsi que la chapelle prise dans le roc ; on remarque surtout actuellement un réservoir immense creusé dans le sommet du rocher, et ne contenant pas moins de 720^m cubes d'eau.

Les dispositions intérieures du château ont évidemment dû subir des changements non moins fréquents que ceux de l'extérieur. Aujourd'hui, un escalier spacieux au haut duquel se trouve un magnifique vitrail portant les armes des Seigneurs de la Roche avec cette double devise :

C'est mon plaisir.

et

In Deo confido.

conduit au premier étage du château.

Après avoir soulevé une lourde et vieille tapisserie retombant à longs plis sur une porte à deux battants, vous pénétrez dans une galerie dont le plafond à solives apparentes et les lambris sont décorés de peintures rappelant le goût du XVI.ᵉ siècle. Dans cette galerie qui a plus de trente mètres de long, et est éclairée par cinq fenêtres ornées de vitraux de couleurs, se trouvent les portraits des divers seigneurs de la Roche.

A la suite vient un salon carré renfermant les portraits des duchesses dont quelques-unes n'ont point été moins remarquables par leurs vertus, que les ducs par leur courage et surtout par leurs bienfaits.

En suivant encore, vous arrivez à un autre salon de plus grande dimension que le précédent, et dont les murs sont tendus de riches tapisseries des Gobelins, représentant l'histoire d'Esther et d'Assuerus ; puis enfin, après avoir traversé quelques pièces particulières d'une simplicité remarquable par leur ameublement, vous parvenez à la bibliothèque dans laquelle on conserve religieusement le manuscrit des Maximes de La Rochefoucauld.

Si les dispositions intérieures ne devaient pas être telles autrefois, le voisinage du château a changé singulièrement aussi, car le roc nu et aride est aujourd'hui agréablement disposé en de vastes jardins de la hauteur desquels on voit se dérouler au loin les sinuosités de la Seine, et d'où l'on peut aussi apercevoir les restes du château de Haute-Ile que Boileau venait habiter quelquefois (1).

La gracieuse courtoisie des propriétaires actuels, laisse le libre accès des jardins du château aux étrangers ainsi qu'aux habitants de la Roche-Guyon.

Dans ces jardins et à mi-côte, l'on a creusé dans le roc trois salles impénétrables aux plus vifs rayons du soleil. A l'extrémité de l'une de ces salles, se dresse une croix

---

(1) Boileau, dans sa VI.ᵉ épître, fait mention du château de Haute-Ile qui appartenait à Dangois, son neveu, greffier au Parlement de Paris. Le château de Haute-Ile fut vendu au duc de La Rochefoucauld, en 1748.

de bois brut, modeste et pieux monument élevé à la mémoire de dame Augustine Letellier de Louvois. La Rochefoucauld, duchesse de Doudeauville, mère du duc Sosthène de La Rochefoucauld.

D'un côté du socle en pierre supportant la croix, on lit ces dates :

16 *novembre*. — 13 *septembre*. — 11 *juin*. — 8 *décembre*.

De l'autre côté, cette inscription :

*Devant cette croix ma mère a pleuré,
a prié, — a aimé.*

En quittant ces voûtes ombreuses, et si bien faites pour les rêveries ou la prière, vous vous trouvez sur une petite plate-forme de laquelle vous apercevez, sur la rive gauche de la Seine, une modeste habitation faite de pierres et de briques, tombant presque en ruines et nommée la Vacherie. Ce bâtiment formant une des dépendances du château de la Roche était le lieu de l'ancien péage.

Les droits que procurait le péage sont gravés sur une table de bronze portant la date de 1597, et appendue sous le porche de l'une des entrées particulières du château.

Encore aujourd'hui, un péage est établi sur le pont suspendu conduisant de la route de Bonnières à la Roche-Guyon, mais la faible rétribution prélevée sur les voitures et les piétons, et qui n'a d'autre destination que l'entretien du pont lui-même, est bien loin de ressembler aux droits que prélevaient à leur profit les premiers seigneurs de la Roche.

Voici la copie textuelle (sinon littérale) de la plaque rappelant ces anciens droits de péage (1) :

(1) On peut voir en fin de la Notice la reproduction des armes et du millésime gravée en tête de cette plaque.

Tableau contenant les droicts d'acquit et péage deubs aux seigneurs de La Roche Guyon pour les marchandises chargées en batteaux passant par la riuière de Seine tant en montant qu'en allant par deuant le chasteau de la Roche Guyon, duquel péage nul n'est exempt a raison de quelque priuilège que ce soit, sinon le Roy, la Royne et le Daulphin de France auec les couuents des Chartreux, Celestins et de l'abbaye de Bechelloyn (1), pour concession et aulmône des seigneurs de La Roche Guyon.

Premièrement, pour le sel :

Chascun batteau ou nauire grand ou petit chargé de sel noir ou blanc en tout ou partie doibt cinq minots et demy de sel et ung denier parisis pour le mérot.

Pour le vin :

et aultres liqueurs d'arbres, chacune pièce de uin et tout aultres liqueurs d'arbres comme uergnot uinaigre, cildre perè, huilles, miel, et aultres soit pippe poinsson demy poisson cacque, demy cacque ou aultre pourueu qu'ils soient liez d'osier, chargez en batteaux iusques au nombre de six pièces au moings, doibt trois sols parisis et un denier pisis pour le mérot.

S'ils passent le dit nombre de six pièces iusques a quelque nombre que ce soit ne doibuent que 2 sols parisis pour chacune pièce sinon que ce fussent tonneaux qui debueroient le double s'ils passent XXI pièces et plus iusques a quelque nombre que ce soit ne doibuet que douze deniers parisis.

Et si les dites pièces estaient liées de frette ne doibuent que ung denier parisis pour chacune pièce sinon qu'il y en eut douze ou plus en ce cas debueraient pour chacune XIIe trois sols parisis et chacun batteau doibt un denier pisis pour mérot ou quittance.

Pour le poisson :

Chacun millier de poisson de quelque espèce ou grandeur qu'il soit s'il ne nage chargé en batteau ou nauire doibt deux pois-

(1) Le Bec ou Bechelloyn, abbaye de l'ordre de Saint-Benoît, fondée dans le diocèse de Rouen, sur la rivière du Bec, par Herluin ou Helluin, qui en fut le premier abbé, vers 1040.

sons s'il n'y en a que iusques a quatre milliers chargés dans un batteau, ils ne doibuent point de chesnes et droict de pautonnage, mais s'il y en a plus de IIII milliers, iusques a XII milliers ils doibuent huict poissons pour chacun millier. S'il passe XII milliers est deubt depuis le dit nombre iusques à XXIIII milliers, seize poissons pour le dit droict de chesnes oultre les dits II poissons pour chacun millier.

S'il passe XXIIII milliers est deubt depuis le dit nombre iusques a trente six milliers qui sont III trente deux poissons pour le dit droict de chênes oultre les dits deux poissons pour chacun millier. Et s'il passe oultre les dits trois lez iusques a quelque nombre que ce soit, est deubt pour le chacun droict de chesnes cinquante poissons oultre les deux poissons pour chacun millier, et doibt chacun batteau un denier parisis pour le merot ou quittance.

Sont tenus les uoicturiers, menant et conduisans les dits batteaux de guerrer leurs dits batteaux au port de la Roche et de venir quérir le seigneur ou son recepueur et commis au chasteau pour aller recepvoir le dit droict d'acquit, et s'ils passent sans guerrer et payer le dit droict d'acquit assauuoir en auallant une borne nommée Pierre Fourchée qui est entre le bourg de la Roche et le village de Clanchaloze, et en montant une aultre borne nommée grosse pierre qui est entre le dit bourg de la Roche, et le bourg de Veteuil ils encourent la forfaicture et confiscation tant des batteaux ustancilles diceulx que de toute la marchandise dont ils sont chargés tant de celles qui doibuent acquis que celles qui n'en doibuent
poinct.

Sous le même porche où se trouve la plaque énumérant ces anciens droits de péage, sont conservés trois vases en métal que je ne saurais mieux comparer pour la forme qu'à nos brocs actuels.

Ces vases portant, l'un la date de 1597, l'autre celle de 1687 avec les armes des seigneurs de la Roche-Guyon, servaient évidemment à l'ancien péager ou recepueur comme types de mesures pour les liquides.

Le dénombrement du douze septembre mil six cent

quatre-vingt-onze que j'ai eu occasion de citer, vient aussi faire connaître l'étendue des droits des seigneurs de la Roche, soit pour l'exercice de la justice, soit pour la défense du château.

..... Item en la dite chastellenie et duché de la Roche Guyon, j'ay droict de haulte, moyenne et basse justice, tant en eau comme en terre et bois avec la connaissance des causes de tous les sujets et vassaux, même de tous les nobles et ecclésiastiques estant en icelle chastellenie, assisses et ressort, à l'exception seulement des ecclésiastiques de formation royale pour les biens de leurs bénéfices......
Pour exercer toutes lesquelles justices, j'ay un bailly.... le greffier de la ditte justice et huict sergeans....
Item : pour la deffense du mesme chasteau jai droict à faire cueillir seul le salpêtre qui croist dans toute l'étendue du duché et le deffendre à tous aultres, et en faire battre la poudre à canon par tels poudriers que bon semble....

. . . .

Et encore pour la même deffense du chasteau tous les habitants des bourgs de la Roche et Vetheuil et aultres paroisses du village de la chastellenie et duché de la Roche Guyon sont tenus en temps de guerre et troubles d'y venir faire la garde et le guet en tel nombre qu'il est jugé nécessaire par moi et le capitaine préposé, et hors le temps de garde sont tenus ceux qui tiennent terre et lieu de payer et apporter au chasteau le jour de Saint-Remy et par chacun un an 3 sols à l'exception des veufves qui ne payent que dix-huict deniers, le tout à peine d'amende....

S'il n'entre pas dans mon plan de tracer la biographie complète de tous les anciens propriétaires du château de la Roche, je dois du moins tâcher de faire connaître les plus marquants.

Hugues I.er, vicomte de Mantes, de la maison des comtes de Meulan, est désigné comme premier seigneur de la Roche. Son fils Hilledoin fonda en M.L.II, sous le règne de

Henri I.er, le prieuré de saint Martin-la-Garenne, détruit lors de nos premiers troubles révolutionnaires.

Ce n'est ensuite qu'en 1097, sous Philippe I.er, que l'on retrouve un Guyon de la Roche, à l'époque où Guillaume le Roux, régent de Normandie, parcourait le Vexin dont il voulait s'emparer.

Gabriel Dumoulin, dans son *Histoire générale de Normandie*, rapporte que :

> Robert, comte de Meulan, se trouvant en cette difficulté, se jeta du côté des Normands et de l'Anglais, et que Guion de la Roche, gagné par ses présens, le reçut en son chasteau et dans Vetheuil, d'où les Normands faisaient des courses jusqu'aux portes de Paris.

Plusieurs années s'écoulent, le seigneur de la Roche, Guy I.er, est assassiné par son beau-père Guillaume.

Montfaucon, tome 2.e des Mémoires de la monarchie française, rapporte ainsi le meurtre de Guy I.er :

> ...... Un forfait horrible attira toute l'attention des François. La Roche Guyon sur Seine était une forteresse que la nature plus que l'art avait rendue imprenable. Un nommé Guy la gardoit alors. C'était un grand homme de bien et fort attaché aux devoirs du christianisme. Comme les gens de ce caractère sont ordinairement plus aisez à surprendre que les aultres, Guillaume son beau-père, Normand de nation, complotta de le massacrer, de se saisir de sa place et de se rendre par là formidable et aux Normands et aux François. Il lui fut aisé de faire son coup. Il le tua traitreusement, s'empara de la place, et n'ayant pas assez de gens pour la garder, il invita les voisins à venir à son secours, leur promettant tous les avantages possibles.
>
> Pas un n'y voulut entendre, et la renommée de cet assassinat ayant volé dans le voisinage, ceux du Vexin s'y rendirent, assiégèrent le fort et en donnèrent avis au Roi de France (Louis VI), qui y envoya des troupes. La forteresse fut prise avec Guillaume et le petit nombre de gens qu'il avait ; on les fit tous mourir par les plus

cruels supplices. On arracha le cœur au scélérat Guillaume et on le ficha en un pieu pour l'exposer à la vue du public. Tous les cadavres de ces Normands furent mis sur une barque qu'on laissa aller au courant de l'eau, afin qu'elle portât aux Normands, jusqu'à Rouen, cet exemple de la punition de leurs indignes compatriotes...

En M.C.C.C.IV, Guy, V.e du nom, seigneur de la Roche, obtient permission du roi Charles VI, de rebâtir l'église paroissiale de la Roche en un autre lieu que celui du château.

Malgré les modifications plus ou moins habiles qui y ont été apportées, on peut reconnaître dans l'église actuelle quelques parties architecturales qui doivent remonter à l'époque de Guy, V^e du nom.

Cette église toutefois est loin de mériter toute l'attention que commande la chapelle taillée dans le roc et faisant partie intégrante du château.

Dans cette chappelle du chasteau repose, de temps immémorial, dans un tabernacle, le saint-sacrement de l'autel, et dans une croix de vermeil doré y est enfermé un morceau de la véritable croix et encore dans une châse d'argent des reliques des corps de plusieurs saints et saintes et entre autres de sainte Pieuche, dame de la Roche Guyon. (*Dénombrement du 12 septembre 1691.*)

C'est à une demi-lieue de la Roche, à Gany sur Epte, que l'on place l'endroit où fut martyrisée et enterrée sainte Pieuche, ainsi que saint Nicaise et saint Cerin, dont les restes, sous Charles-le-Chauve, furent transportés à Saint-Ouen de Rouen.

En M.C.C.C.XV, Guy, VIe du nom, seigneur de la Roche, est tué à la bataille d'Azincourt ; sa femme Pierrette de la Rivière, fille de Jean dit Bureau, seigneur de la Rivière (1) ancien chambellan de Charles V et de Charles VI, et de Marguerite Dauneau, occupait alors la forteresse de la Roche. En M.C.C.C.C.XVIII, Henri V, roi d'Angleterre, la requit de lui faire serment pour elle et ses enfants, mais elle préféra perdre tous ses biens que de manquer à la fidélité qu'elle devait à son souverain.

Un tel acte méritait sa récompense, aussi fut-elle depuis nommée première dame d'honneur de la reine, et Charles VII lui donna, le 2 janvier M.C.C.C.C.XL, la terre de Saint-Maixant qui lui était échue par forfaiture, au lieu de laquelle il lui donna encore depuis, la garde de Corbeil avec quinze cents livres de pension, dont elle jouissait encore en M.C.C.C.C.XLIV et M.C.C.C.C.XLVI.

Ce n'est que quelques années après, à la suite de la défection d'un capitaine anglais, que Guy, VII.e du nom, fut mis en possession de la Tour de la Roche, et épousa Catherine Turpin, fille de Lancelot Turpin, seigneur de Cressé, et de Denis de Montmorency.

De ce mariage, naquit la dame Marie de la Roche-Guyon, mariée en 1460 à Michel, seigneur d'Estouteville, après la mort duquel elle épousa Bertin de Silly, écuyer, seigneur de Lonray qui, par ce mariage, devint seigneur de la Roche.

A partir de cette époque, le fief de la Roche-Guyon prend de l'importance.

En 1546, Louis de Silly reçoit en son château de la Roche François I.er et toute sa cour. C'est pendant ce séjour que le jeune comte d'Enghien, frère du roi de Navarre et du premier prince de Condé, est tué par la chute d'un coffre jeté d'une fenêtre du château.

(1) Bureau de la Rivière, surnommé par Froissard le vaillant Prudhomme et loyal chevalier, mourut en 1400, et fut enterré à Saint-Denis, aux pieds de Charles V, son ancien maître.

A Louis de Silly succède Henri de Silly, époux de Antoinette de Pons, marquise de Guercheville, fille de Antoine de Pons, comte de Marennes et de Marie de Monchenu.

Henri de Silly mourut jeune, dit Dulaure, et sa veuve fixa son séjour dans le château de la Roche-Guyon...... Durant les guerres de la Ligue, Henri IV, se rendant en Normandie, vint à passer devant le château de la Roche, et y demanda une hospitalité, qui lui fut gracieusement accordée...... Outre que la marquise de Guercheville avait de la beauté et de la jeunesse, elle était d'une conversation agréable. La marquise en effet avait été élevée à la cour de Henri III, la plus galante et la plus polie de ce temps-là, et avait toute la délicatesse qui fait ordinairement distinguer les personnes du premier rang. Il n'en fallait pas tant pour enflammer l'ardeur du roi Henri ; aussi n'épargna-t-il rien pour séduire la marquise qui, ayant autant de vertu que de délicatesse, ne voulut jamais rien lui accorder ; et, comme la vertu a quelque chose de vénérable chez les personnes même les plus corrompues, le roi qui avait de grandes qualités, renonçant à triompher de la marquise, lui dit : Puisque vous êtes véritablement dame d'honneur, vous le serez de la reine.

Et il tint plus tard sa promesse.

On rapporte à ce sujet que, tant que durèrent les instances du monarque, toutes les fois qu'il venait prendre gîte au château, la marquise, après l'avoir reçu publiquement, traversait la rivière et allait coucher à la Vacherie, lieu de l'ancien péage dont il est précédemment parlé.

On voit encore aujourd'hui, dans l'intérieur du château, la chambre où couchait le roi Henri. Un vieux lit à baldaquin orné de vieux rideaux en damas jaune, un vieux fauteuil, quelques tapisseries plus vieilles encore recouvrant quelques parties de muraille, composent tout l'ameublement de la chambre où la marquise abandonnait le roi à ses réflexions amoureuses et guerrières.

En l'année 1594, quelques mois après l'abjuration de Henri IV, la marquise de Guercheville épousa en deuxièmes noces par contrat passé à Mantes le 17 février, Charles Du Plessis, seigneur de Liancourt. Mais ce ne fut que plus tard que la seigneurie de la Roche-Guyon passa dans la maison de Liancourt, par la mort sans enfants, arrivée en 1627, de François de Silly, fils unique, issu du premier mariage de la marquise de Guercheville avec Henri de Silly, V.ᵉ du nom.

L'histoire de Normandie et celle des grands officiers de la Couronne nous apprennent que François de Silly, comte de la Roche-Guyon, grand louvetier de France, obtint des lettres patentes au mois de juin 1621, portant érection du comté de la Roche en duché-pairie en faveur de ses hoirs mâles.

Dans ces lettres patentes, qui ne furent point enregistrées, on voit quels étaient alors les revenus du comté de la Roche:

Attendu (portent ces lettres) que la dite terre et comté de la Roche Guyon sont composez d'un beau et éminent château, d'un gros bourg où se tiennent foire et marchez ordinairement par chascune semaine, que d'icelui comté dépendent plusieurs aultres terres, fiefs et arrières, et grand nombre de vassaux, si qu'il vaut pour le moins trente mille livres de revenu, etc., etc....

L'église de la Roche-Guyon renferme un monument en marbre blanc, originairement élevé à la mémoire de ce même François de Silly, par sa femme Catherine de Matignon. Le duc y est représenté en costume du temps agenouillé et les maintes jointes devant un enfant en maillot. L'épitaphe nous apprend que cet enfant représente la fille unique du duc, morte en naissant, et que le monument renversé en 1793, a été restauré en 1824.

Voici la reproduction de l'épitaphe :

D. O. M. S.

ΛΥΚΟΔΙΩΞΕΩΣ (1). FRANCISCO. DE SILLY. RUPIS.
GUIONIÆ. DUCI. FRANCIÆ. PARI. PREFECTO. REGALIUM.
ORDINUM. EQUITI. SYLLIACO. ULTIMO.
KATHARINA DE MATIGNON MOERENS
CONJUGI et FILIOLÆ.

Seviente terrore. Ann. 1793 eversum
Anno 1824 Instauratum fuit.
Obiit 1627. Ætatis XLII.

Toi qui cherches ce duc que la France regrette,
Cherche ailleurs, car son ombre est ici seulement ;
Le monde est le tombeau de sa gloire parfaite,
Et le ciel de son âme est le saint logement.
Arreste toutefois, vois ce marbre qui pleure
Te faisant voir sa vie en son lustre plus beau,
Puisque la vertu même encor qu'elle ne meure
Repose avecque lui dans ce même tombeau.

Ce mesme marbre te présente,
Sa fille unique dont le sort,
Fut qu'à peine elle était naissante
Qu'elle n'eut qu'un moment de la vie à la mort.
1627.

Tallemant des Réaux, dans ses historiettes, nous a laissé quelques particularités touchant la femme du duc François de Silly. Suivant cet écrivain :

.... Catherine de Matignon, comtesse de la Roche Guyon, demeura veuve à vingt ans et sans enfants. Son mari et elle firent le

---

(1) Grand louvetier.

plus fou mariage qu'on ait jamais vu ; car bien qu'il eût de l'esprit, il ne manquait pas d'être extravagant et elle l'était encore plus que lui.

Comme preuve venant à l'appui de cette accusation d'extravagance qu'il porte contre la duchesse, Tallemant dit qu'elle avait encore dessein de se marier à quarante ans, et qu'elle ajoutait :

Qu'elle s'était si mal trouvée des gens de son pays, qu'elle s'était résolue à épouser un étranger, que les Allemands lui sembloient trop grossiers; pour les Espagnols, qu'il y avait trop d'antipathie entre les Français et eux ; que les Anglais étaient hérétiques, et qu'elle concluait pour les Italiens.

Enfin, poussant plus avant les révélations intimes, il ajoute :

J'ai ouï dire qu'elle entretenait Benserade et qu'elle dépensait beaucoup en bains et en odeurs ; peut-être était-ce pour baigner et parfumer Benserade qui est rousseau.....

Mais bientôt la Roche-Guyon ne va plus compter que des ducs d'une bienfaisance proverbiale.

Un fils, issu du second mariage de la marquise de Guercheville, avec Charles Du Plessis, Roger, duc de la Roche-Guyon, seigneur de Liancourt, fut un des premiers bienfaiteurs du pays. Une rente de deux mille livres, qu'il créa en faveur des indigents, est encore acquittée aujourd'hui.

Le comté de la Roche-Guyon qui avait été érigé en duché-pairie en faveur de François de Silly, le fut aussi en faveur de Roger, son frère utérin, pour ses successeurs mâles, par lettres du mois de mai M.D.C.XLIII ; mais bientôt, au défaut d'hoiries mâles, la pairie fut éteinte ; en effet, Roger, seigneur de Liancourt, n'avait laissé qu'un fils, Henri Roger, qui fut tué en 1646 au deuxième siége de Mardick, laissant lui-même une fille unique du nom de Jeanne-Charlotte Du Plessis, laquelle fut unie, le 13 décembre 1659, à François, VII.e du nom, duc de la Rochefoucault et fils de l'auteur des *Maximes*. Ainsi la terre de la Roche-Guyon passa dans la maison de La Rochefoucauld en faveur de laquelle elle fut érigée en duché-pairie, en 1679.

Il ne sera peut-être pas hors de propos de rappeler ici ce que saint Simon, dans ses Mémoires, rapporte de François, VII.e du nom, duc de La Rochefoucauld.

Le duc de La Rochefoucauld, dit-il, mourut le jeudi 11 janvier 1714, à soixante-dix-neuf ans, aveugle, à Versailles, dans sa belle maison du Chenil, où il s'était retiré depuis quelques années. M. de La Rochefoucauld porta le vain titre de Prince de Marsillac, sans rang ni distinction quelconque, pendant la vie de son père, auquel il fut toujours très attaché quoique parfaitement dissemblable. Il le suivit dans le parti de M. le Prince, et ne rentra qu'avec lui dans l'obéissance.....

Jamais, peut-être, l'aveuglement qu'on reproche à la fortune ne parut dans un plus grand jour que dans ce prince de Marsillac qui rassemblait en lui toutes les causes de disgrâces et qui, sans secours d'aucune part, brilla tout à coup de la plus surprenante faveur, et qui a été pleinement constante pendant toute sa vie, c'est-à-dire près de cinquante ans sans la plus légère interruption..... La figure qui prévient souvent, et le Roi presque toujours, n'était pas un don qu'il eût en partage; j'ai ouï dire aux gens de la Cour de son temps, que la sienne était tout à fait désagréable. Un homme entre deux tailles, maigre, avec de gros os, un air niais, quoique rude, des manières embarrassées, une chevelure de filasse, et rien qui sortît de là. Fait de la sorte, et seul de sa bande, il arriva dans la plus brillante et la plus galante Cour, où le comte de Guiche, Vardes, le comte de Lude, M. de Lauzun et tant d'autres se disputaient la faveur du Roi et le haut du pavé, chez la comtesse de Soissons, de chez, qui le Roi ne bougeait pas. Ce centre de la Cour, d'où tout émanait, était encore un lieu où Marsillac devait être de contrebande, aussi fut-il fort mal reçu d'abord et ne fut accueilli de personne. Mais bientôt toute la troupe choisie qui s'en moquait, fut bien étonnée de voir le Roi le mettre de ses parties..... cela dura ainsi quelque temps et commença à exciter l'envie, lorsque la faveur se déclara et ne fit plus que croître. M. de Lauzun fut arrêté en décembre 1671. Il était gouverneur du Berry. Marsillac en fut pourvu tout aussitôt. Guitry, pour qui le Roi avait fait la charge de grand-maître de la garde-robe, fut tué au passage du Rhin. M. de Marsillac, qui y avait été fort blessé à l'épaule, eut sa charge, et à la mort de Soyecourt, qui était grand-veneur, le Roi écrivit à M. de Marsillac, qui était venu voir son père, le billet par lequel il lui manda : qu'il se réjouissait avec lui, comme son ami, de la charge de grand-veneur, qu'il lui donnait comme son maître.

M. de Marsillac était le seul confident des amours du Roi, et le seul qui, le manteau sur le nez comme lui, le suivait à distance lorsqu'il allait à ses premiers rendez-vous. Il fut aussi dans l'intimité de madame de la Vallière, de madame de Montespan, de madame de Fontanges, de tous leurs particuliers avec le Roi, et de tout ce qui se passait dans le secret de cet intérieur. Il demeura toute sa vie intimement avec madame de Montespan, même depuis son éloignement avec madame de Thianges, avec ses filles. Il eût aimé d'Antin, sans sa faveur ; aussi ne put-il jamais souffrir madame de Maintenon, quoi qu'elle et le Roi pussent faire. Jamais aussi elle n'osa l'entamer.

M. de La Rochefoucauld avait beaucoup d'honneur, de valeur, de probité ; il était noble, bon, libéral, magnifique ; il était obligeant et touché du malheur ; il savait et osait, plus que personne, rompre des glaces et souvent forcer le Roi.....

Ces dernières lignes sont à coup sûr le plus beau panégyrique que l'on puisse faire de François VII, duc de La Rochefoucauld qui, noble, bon, libéral, obligeant, et touché du malheur, ne pouvait manquer de suivre les traces de Roger de Liancourt.

Mais les bienfaiteurs de la Roche-Guyon ne devaient pas s'éteindre dans la personne de François VII.

Alexandre de La Rochefoucauld, petit-fils du moraliste, exilé à la Roche par Louis XV pour avoir, dit-on, conseillé le renvoi de la duchesse de Châteauroux, consacre les dix années de son exil à des travaux d'utilité pour le pays, en faisant ouvrir et paver plusieurs routes. C'est à la munificence de ce duc que les habitants de la Roche devaient déjà la fontaine que l'on voit encore aujourd'hui, et sur laquelle on lit l'inscription suivante :

> AQUAM HANC
> Per summa collium
> Quatuor fere ab hinc millibus
> Variis canalibus ductam
> Publicæ utilitati
> Addixit
> Alexander Dux Rupifucaldus
> Cura labore et ingenio
> Ludovici Villars Architecti.
> Anno M. D. C. C. X L I.

On raconte qu'à l'époque de la Révolution, plusieurs patriotes ignorants, ayant à cœur de faire disparaître de ce monument d'utilité publique toute trace d'origine féodale, commencèrent par effacer les ornements et armoiries attestant la qualification du fondateur, puis le mot *dux*, titre trop aristocratique, enfin le mot *ductam*, qu'ils traduisirent par le mot duchesse.

C'est aussi sous les ordres et par les soins du duc Alexandre, que fut creusé au sommet du rocher, ce réservoir immense donnant l'eau à tous les étages du château, ainsi qu'aux jardins et basses-cours.

A l'entrée de ce réservoir, on lit l'inscription suivante sur une pierre brisée et à moitié rongée par le temps :

*Cette source vient de Chérance (1)
par un Acqueduc fait en ciment qui a
1570 Toises de long (2). Elle a été construite
en 1742, par M. S. Alexandre,
duc de La Rochefoucauld.
Ce réservoir a 70 pieds de long, 28 de large,
10 de profondeur.
Il contient 1960 muids.
Vérifié par Morel, conducteur
de la fontaine.*

Louise-Elisabeth de La Rochefoucauld, duchesse d'Enville, fille d'Alexandre de La Rochefoucauld, voulut imiter son père et fut aussi la bienfaitrice du pays où sa mémoire est précieusement conservée. Elle y fit ouvrir plusieurs chemins, y fonda plusieurs établissements de charité. Elle agrandit le château et établit la bibliothèque où figure entre autres manuscrits précieux celui des *Maximes* de La Rochefoucauld.

C'est à la Roche-Guyon que la duchesse d'Enville recevait avec la plus somptueuse hospitalité, et quelquefois dans l'intimité, les esprits éminents d'alors : Turgot, d'Alembert, Condillac, l'abbé Barthélemy, Delille, venaient fréquemment apporter leurs hommages à la Roche-Guyon. Le vertueux Malesherbes n'était pas non plus l'un des visiteurs les moins assidus de la duchesse avec laquelle il ne devait jamais manquer de s'entendre, chaque fois qu'il y avait quelque injustice à réparer, ou quelque infortune à secourir.

La duchesse d'Enville possédait un fils qu'elle eut la douleur de voir périr ainsi que son petit-fils au milieu des trou-

---

(1) Chérance ou Chérence, commune du canton de Magny.
(2) 3,500 mètres.

bles de la Révolution. Son fils Louis-Alexandre duc de La Rochefoucauld et de la Roche-Guyon, pair de France, membre de l'Assemblée constituante et président du département de la Seine, reçut la mort à Gisors le 14 septembre 1792 (1). Son petit-fils Armand de Rohan Chabot, comte de Chabot, fut massacré à l'Abbaye, dans la nuit du 2 au 3 septembre.

Après cette double perte, la duchesse s'était retirée avec sa petite-fille (2) à la Roche-Guyon, où bientôt elles furent arrêtées et transportées à Paris. Toutes les communes des environs, fait remarquable à cette époque, adressèrent alors à la Convention nationale en faveur de leur bienfaitrice, une pétition énergique qui suspendit l'arrêt dont la mère et la fille étaient menacées, et les événements qui suivirent les rendirent à la liberté.

La vénération pour la duchesse était telle, que durant sa détention, le seuil du château ne fut pas même franchi par un seul agent révolutionnaire. La tour cependant dut plus tard expier son antique féodalité, la Convention envoya deux commissaires pour procéder à sa démolition ; sa solidité seule la préserva d'une ruine complète, car après quinze jours d'efforts, les ouvriers l'abandonnèrent dans l'état où elle se trouve aujourd'hui.

Après la mort de la duchesse d'Enville, arrivée en 1797, le château de la Roche passe à madame la duchesse de La Rochefoucauld, née Rohan Chabot, puis au duc Alexandre-Louis-Auguste de Rohan, et après lui, à son fils Louis-François-Auguste, archevêque de Besançon, duc et cardinal de Rohan Chabot.

(1) Il fut massacré à coups de pierres sous les yeux de sa femme et de sa mère, alors qu'il se rendait aux eaux de Forges.
(2) Mademoiselle Rohan Chabot, marquise de Castellane.

C'est à M. le cardinal de Rohan que l'on doit la restauration et l'agrandissement de l'antique chapelle taillée dans le roc, qu'il fit, entre autres choses, orner de bas reliefs représentant la vie de sainte Pieuche et la Sépulture de saint Nicaise. — Dans son ardente piété, M. le cardinal ne cessait d'attirer à la Roche, parmi les ecclésiastiques les plus illustres de ses confrères et parmi les gens du monde, ceux qui voulaient en paix élever leur âme à Dieu. — L'un des commensaux du cardinal était M. de Lamartine, dont la seizième méditation est intitulée : *La semaine sainte à la Roche-Guyon.*

Avant d'entrer dans les ordres, M. le duc de Rohan avait épousé mademoiselle de Serent, mais un événement affreux était bientôt venu briser des liens à peine formés ; madame la duchesse de Rohan, parée pour un bal que donnait le comte d'Appony, ambassadeur d'Autriche, s'étant imprudemment approchée du feu, la flamme prit à ses vêtements, et elle périt consumée avant qu'on eût pu lui prêter secours. Cet horrible accident causa au duc la plus profonde douleur, et le décida, malgré toutes les remontrances de sa famille, à embrasser le sacerdoce qu'il regardait comme une mission sublime. C'est ainsi qu'entré à Saint-Sulpice le 29 mai 1819, il fut élevé à la prêtrise le 1.er juin 1822, et nommé peu après grand vicaire de Paris. — En 1828, il fut appelé au siège archiépiscopal d'Auch, et passa en 1829 à celui de Besançon, où il pontifia pour la première fois le 2 février de la même année.

Avant de venir prendre possession de son diocèse, il avait vendu le château de la Roche-Guyon à M. François-Armand-Emilien, duc de La Rochefoucauld, qui le possède encore aujourd'hui.

Les propriétaires actuels du château de la Roche n'ont point oublié le premier exemple qui leur avait été donné par Roger de Liancourt. La maison de convalescence de la Roche-Guyon, confiée aux soins assidus des Sœurs de Saint-Vincent-de-Paul, en serait au besoin une preuve nouvelle.

M. A. Montalant, dans le n.° 62 (1858) du journal l'*Union de Seine-et-Oise*, nous fait connaître le but et les ressources de cette pieuse entreprise :

Le canton de Magny, dit-il, possède à la Roche-Guyon, depuis huit ans, un établissement qui entre dans une voie de progrès et de succès dont était digne la pieuse pensée de son fondateur. C'est une maison de convalescence créée par M. le comte Georges de La Rochefoucauld, dans une propriété du duc de La Rochefoucauld, son père, dans le but de procurer aux enfants des hôpitaux de Paris l'air pur de la campagne, nécessaire à la guérison de la plupart des maladies de l'enfance. Cet établissement, commencé avec douze lits seulement, va bientôt en contenir cent.....

L'Administration du chemin de fer de Paris à Rouen a voulu, autant qu'il était en elle, coopérer à l'œuvre de bienfaisance, en accordant le passage gratuit aux convalescents; mais comme la station de Bonnières qui dessert la Roche-Guyon est assez éloignée de la Maison de famille, ainsi que l'appellent les habitants de la localité et des communes environnantes, le fondateur a pris soin de faire établir un service spécial qui, à certains moments donnés, va chercher les jeunes convalescents pour les transporter à la Roche. . . . .

Lorsque je fus admis à visiter pour la première fois le château de la Roche-Guyon, je ne pus tout voir. Dans l'une des pièces du château, se tenait la mère de M. le comte Georges de La Rochefoucauld, occupée à faire travailler l'un des élèves de l'école primaire (le plus studieux sans doute.)

Je fus frappé de cette bienveillante sollicitude s'étendant ainsi non-seulement sur les enfants de la localité, mais encore sur ceux qui, y étant étrangers, peuvent y venir chercher le rétablissement de leur santé débile ; et, énumérant alors intérieurement tous les bienfaits des La Rochefoucauld, je crus trouver l'explication que j'avais cherchée d'abord, de cette devise surmontant les armes de la maison :

C'est mon plaisir,

car j'y ajoutai naturellement ces mots :

De faire le bien.

Armes peintes audessus du porche sous lequel se trouvent les anciennes mesures

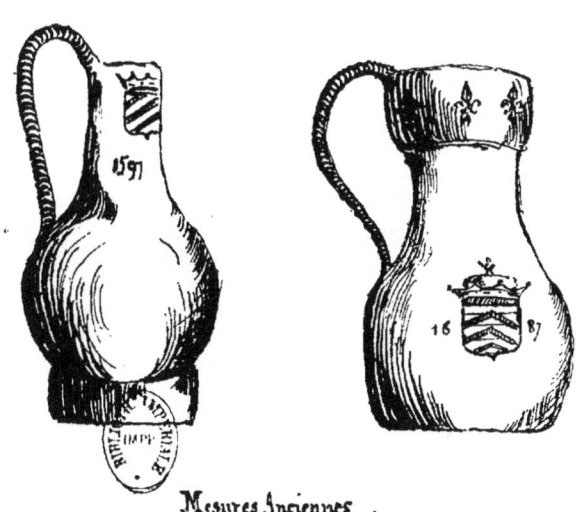

Mesures Anciennes.

J. A.

Armes gravées en tête de la plaque
de Bronze contenant les anciens droits de péage

J.A.

Cour Intérieur, Grand escalier
du Château.

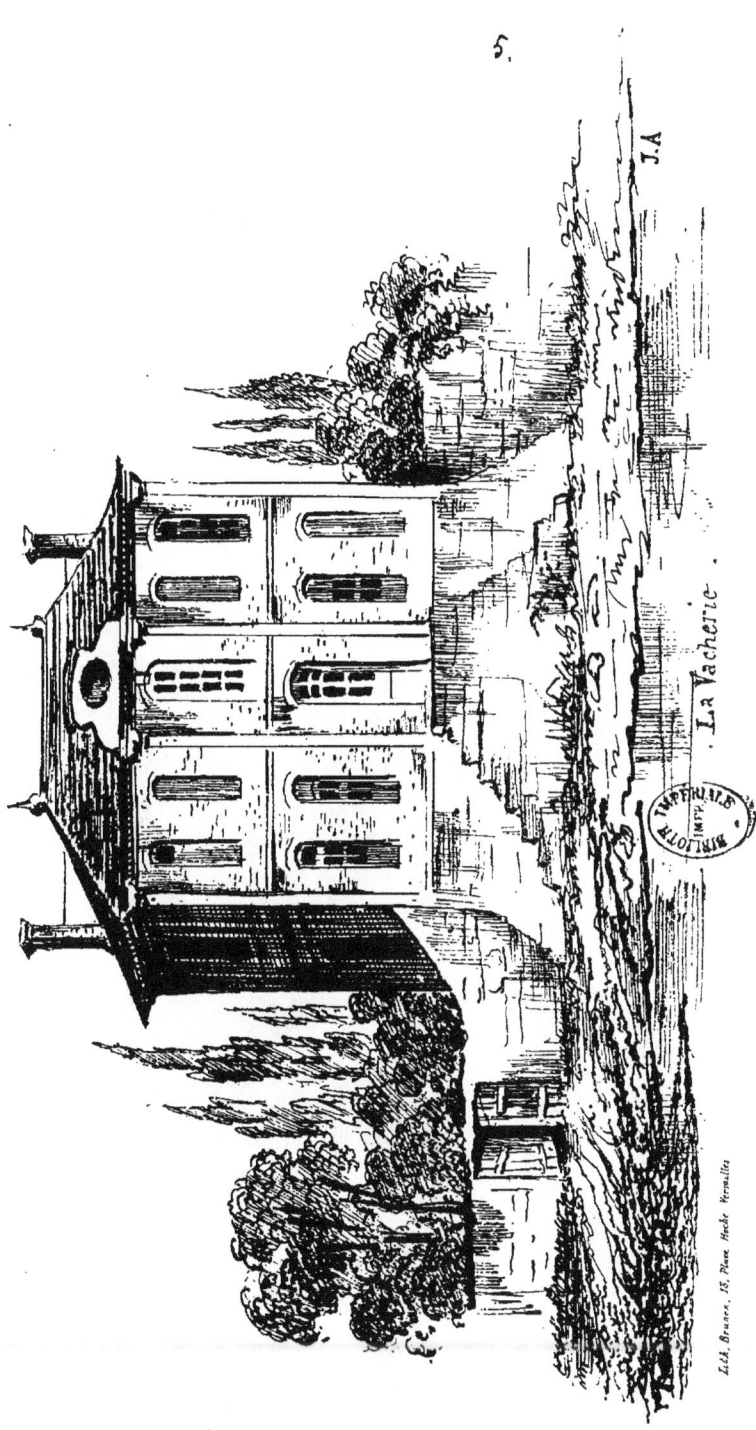

5.

La Vacherie.

Tombeau du Duc F&ois de Silly.

Fontaine de la Roche Guyon.